AF311106

L 27 n
35637

Conservé la couverture

NOTICE BIOGRAPHIQUE

SUR

Edmond LAROCHE-JOUBERT

DÉPUTÉ DE LA CHARENTE

Né a la Couronne (Charente), le 12 janvier 1820
décédé a Lescalier, le 23 juillet 1884

Ln 27
35637

ANGOULÊME

IMPRIMERIE CENTRALE, JAMES RINGUET
Rue d'Arcole, numéro 9

—

1884

L 27 n2
85637

EDMOND LAROCHE-JOUBERT PÈRE

DÉPUTÉ DE LA CHARENTE

PRÉFACE

C'est pour répondre à l'impatient désir qui nous a été maintes fois exprimé depuis un mois par la foule des amis de M. Edmond Laroche-Joubert, que nous publions aujourd'hui cette courte notice sur celui dont la mort a été pour tous ceux qui l'ont connu une si cruelle surprise.

Certes, nous n'avons pas la prétention de tracer en ces quelques pages, écrites à la hâte, un portrait exact et complet de celui qui mérita si bien ce surnom de PÈRE DU PEUPLE, surnom qui restera attaché à sa mémoire comme le plus glorieux des titres.

Pendant près d'un demi-siècle, M. EDMOND LAROCHE - JOUBERT a consacré tout ce que sa riche nature contenait d'admirable énergie, de féconde initiative à résoudre le redoutable problème de la question sociale.

Ces cinquante années d'une vie qui restera un exemple pour les générations futures, ne sauraient être racontées dans le cadre restreint que comporte cette notice ; elles feront l'objet d'un ouvrage plus complet dans lequel M. EDMOND LAROCHE-JOUBERT sera étudié sous les multiples points de vue de l'industriel, de l'homme politique et surtout du penseur uniquement préoccupé de trouver les moyens pratiques d'améliorer le sort matériel des classes travailleuses et souffrantes, tout en élevant leur niveau intellectuel et en développant en elles le sentiment d'une indépendance bien comprise.

Une telle tâche était digne tout à la fois d'un grand penseur et d'un véritable chrétien ; M. Edmond-Laroche-Joubert, qui était l'un et l'autre, a consacré toute sa vie à l'accomplir.

Chacun sait quel succès a couronné ses persévérants efforts.

Son œuvre était trop belle, elle renfermait trop de germes de puissante vitalité pour disparaître avec lui ; elle s'est continuée par celui qui est l'héritier de ses grandes qualités comme il est l'héritier de son nom, et M. Edmond Laroche-Joubert a pu s'endormir en paix, sachant d'avance que celui-ci ne la laisserait pas péricliter.

C'est ainsi qu'au milieu de notre époque troublée par tant de passions malsaines, s'élèvent des familles qui par la continuité de leurs bienfaits, par leur incessant dévoûment aux classes populaires, par leurs traditions ininterrompues de loyauté, d'abnégation et d'honneur, s'imposent à l'amour et au respect du pays.

La famille LAROCHE-JOUBERT compte au premier rang parmi celles-là.

Edmond LAROCHE-JOUBERT

DÉPUTÉ DE LA CHARENTE

*" L'amélioration morale et matérielle du
sort du plus grand nombre a toujours été
le but de mes persévérants efforts."*

I.

M. Jean-Edmond LAROCHE-JOUBERT est né à
La Couronne (Charente), le 12 Janvier 1820.

Il était le troisième fils issu de l'union de M. LARO-
CHE et de Mˡˡᵉ JOUBERT, union qui a réuni en une
seule, sous le nom de LAROCHE-JOUBERT, deux
des plus anciennes familles de fabricants de papiers
de l'Angoumois.

Dès sa plus tendre enfance, M. Edmond LAROCHE-
JOUBERT apprit, par l'exemple que lui donnaient
ses parents, l'ordre, le travail, la régularité.

Grâce à des aptitudes déjà remarquables, à un
don inné d'observation et à un ardent amour du
travail, il fut bientôt au courant de tous les secrets
du métier.

Après des études très sommaires, ainsi qn'il se
plaisait lui-même à le rappeler à ses chers amis les
ouvriers, pour leur montrer qu'on peut toujours
s'instruire quand on le veut sérieusement, il fut
associé dès l'âge de 17 ans à la direction de la papeterie paternelle située à Nersac.

Nersac était une fabrique de papier à bras.

Au moment où M. Edmond LAROCHE-JOUBERT
entra aux affaires, on commençait seulement à soup-
çonner la révolution que la fabrication mécanique
des papiers causerait dans cette branche de notre
industrie.

Le jeune industriel comprit bien vite l'importance

de cette innovation et il décida son père à transformer sa fabrique à bras en une usine à la mécanique.

À l'occasion de cette transformation, qui, dans une industrie tout installée, amène forcément une période de crise, il montra des aptitudes si rares, une intelligence des affaires si précoce, que son père et son frère n'hésitèrent pas à le faire entrer dans l'importante association qu'ils fondèrent avec M. Dumergue. M. EDMOND LAROCHE-JOUBERT avait alors vingt ans, il fallut l'émanciper pour cela.

Pendant que son père et son frère poursuivaient tranquillement leur œuvre à Nersac, il allait, lui, avec une audace fort rare dans un aussi jeune âge, jeter à Angoulême, pour le compte de sa Société, les fondements de la colossale maison qui répand aujourd'hui les produits de ses nombreuses usines sur tous les marchés du monde.

Chacun sait de quel succès ont été couronnés ces patients efforts et il est inutile de dire ce qu'est cette maison, l'une des plus prospères de France.

Mais ce qu'il importe de faire voir c'est que ce travailleur infatigable, ce négociant si habile possédait aussi un cœur d'élite, et que son plus grand souci était d'associer à son succès tous ces humbles auxiliaires au milieu desquels il passait sa vie et dont il vantait volontiers les vertus et l'intelligence.

Ainsi que l'a si heureusement rappelé M. Clément Prieur, secrétaire général dela Société d'agriculture de la Charente, la préoccupation constante de M. EDMOND, comme l'appelaient familièrement ses ouvriers, était l'amélioration du sort des classes travailleuses.

« J'étais bien jeune, disait-il, lorsque je me pris à réfléchir sur les inconvénients qui résultent, pour les chefs d'industrie en particulier et pour la fortune publique en général, de l'esprit d'imprévoyance qui caractérise certains ouvriers. Je reconnus bientôt que l'unique moyen de les faire sortir de cet état d'indifférence qui les porte si malheureusement à négliger les intérêts du patron et de l'industrie qui les fait vivre, c'était de les intéresser directement à l'œuvre commune, et j'instituai la coopération, qui m'a donné, au point de vue de la moralisation et du bien être de tous, les résultats que vous savez ».

C'est de cette préoccupation de tous les instants qu'est sortie cette œuvre véritablement humanitaire, dans le meilleur sens du mot, qui s'appelle la *Papeterie coopérative d'Angoulême*, organisation admirable que tous les économistes de notre époque présentent en modèle au monde entier et donnent comme le rare exemple d'une conception théorique aboutissant à un succès pratique merveilleux.

Le problème à résoudre était des plus redoutables. Depuis cinquante ans les classes ouvrières développées outre mesure par l'incessant progrès du travail mécanique, sont devenues le jouet des lois inflexibles de l'offre et de la demande. Gagnant à certains moments des salaires élevés, elles s'habituent promptement à une vie relativement aisée et lorsqu'arrivent ces périodes de chômages qui se produisent presque périodiquement dans la vie industrielle moderne, n'ayant rien épargné aux heures de bien-être, elles se trouvent en proie, aux heures de crise, à toutes les horreurs de la misère.

C'est dans ces moments qu'apparaissent les avocats d'atelier qui prêchent aux ouvriers la guerre contre ce capital par lequel ils se croient écrasés ; de là des aspirations mauvaises qui ne tardent pas à se traduire par des actes criminels.

C'est à ces complications terribles et malheureusement inévitables dans nôtre organisation que M. Edmond LAROCHE-JOUBERT a voulu porter remède.

Pour cela qu'a-t-il fait ? Il a trouvé une organisation telle que non seulement l'ouvrier, jusqu'alors si facilement prodigue de son argent, s'est transformé en un homme économe et rangé, mais encore qu'il devient propriétaire de l'atelier, de l'usine, dans lesquels il travaille. Si bien qu'il serait, en cas de besoin, le premier à défendre cette usine, cet atelier où il a des droits égaux à ceux des premiers propriétaires.

Ces prolétaires que les artisans de révolution ne savaient qu'exciter à l'égorgement des capitalistes et des propriétaires, M. Edmond LAROCHE-JOUBERT les a transformés, progressivement en capitalistes et en propriétaires et cela s'est fait sur une si large échelle que le jour peut être mathématiquement prévu où les travailleurs seuls seront les maîtres dans cette magnifique organisation nommée la *Papeterie coopérative d'Angoulême.*

M. Edmond LAROCHE-JOUBERT se plaisait à le dire souvent : « Le plus beau jour de ma vie sera celui où mes ouvriers seront les propriétaires des usines et où je ne serai plus que le gérant. »

Son souhait est en bonne voie d'exécution.

Comment a pu s'obtenir ce résultat merveilleux ? Par l'association des trois forces qui constituent toute industrie en ce monde, l'association *du travail, de l'intelligence* et *du capital.*

Depuis la fondation de la Société, la part de bénéfices attribuée au travail a toujours été en augmentant, si bien que pour citer seulement les dernières années, celles de 1879 à 1883, cette part été successivement de 110,000, 124,000, 142,000, 196,000 francs.

Presque tous ces bénéfices attribués au travail seul se convertissent peu à peu en parts de capital et c'est ainsi que, dans l'association actuelle, les ouvriers et employés sont associés pour environ DEUX MILLIONS, soit les 2 cinquièmes du capital social.

On le voit, l'espérance de M. Edmond LAROCHE-JOUBERT se réalise peu à peu et le temps n'est pas loin où les travailleurs de la *Papeterie coopérative* seront propriétaires des usines de cette Société.

Cette solution si pratique de la question sociale est tout simplement merveilleuse et nous ne nous étonnons pas que les économistes, et parmi eux le célèbre Bœhmert, citent cet exemple comme digne de l'admiration universelle.

Nous n'avons pas besoin de rappeler qu'à l'œuvre principale de la *Papeterie coopérative* M. LAROCHE-JOUBERT a rattaché une foule d'œuvres annexes toutes dignes de cet esprit si profondément bon, si véritablement chrétien : crèches, écoles, etc., etc. Chacun les voit fonctionner chaque jour sous ses yeux et sait quels avantages en retirent les ouvriers de la *Papeterie coopérative*.

II.

Mais ce n'est pas seulement du sort des ouvriers des fabriques que se préoccupait ce cœur excellent qui pratiquait mieux que personne cet ardent amour du prochain si souvent recommandé par l'Evangile. L'ouvrier des campagnes, celui qui, soit par suite de malheurs ou d'accidents divers, n'avait pu parvenir à conquérir sa part de propriété et de bien au soleil, était aussi l'objet de sa sollicitude. C'est pourquoi on le vit, tout en encourageant de tout son pouvoir les agriculteurs dans leurs luttes pacifiques, s'attacher particulièrement à récompenser les humbles auxiliaires de ceux-ci.

C'est ainsi qu'il créa dans tous nos concours, au profit des panseurs des animaux de toute catégorie ayant obtenu un premier prix, une récompense s'élevant au dixième de ces prix.

Par cette innovation aussi intelligente que généreuse, ces serviteurs utiles se virent relevés à leurs propres yeux et dès lors chacun d'eux accomplit avec plus de zèle la tâche qui lui était confiée.

On le voit, M. LAROCHE-JOUBERT avait admirablement compris cette pensée, que c'est en relevant le travailleur qu'on l'améliore, et nos exposants se plaisent tous à constater que l'institution des prix de pansage a porté des fruits excellents.

M. LAROCHE-JOUBERT tenta aussi d'appliquer à la propriété le système qui avait si bien réussi dans l'exploitation industrielle des usines. Il acheta dans ce but un important domaine à Edon et y appliqua le système de la coopération.

Voilà donc encore le même but poursuivi par le même moyen, l'association de l'ouvrier aux bénéfices, le conduisant forcément à se créer un capital et par suite à devenir propriétaire.

N'est-ce pas là de la moralisation par excellence, qui s'impose non par de vaines théories et des discours qui passent, mais par le sentiment même du bien-être conquis et de l'indépendance assurée ?

Aussi fallait-il voir M. Edmond LAROCHE-JOU-BERT lorsqu'il se rendait au milieu des foires de sa circonscription. Il était entouré, acclamé ; volontiers on l'eut porté en triomphe. Mais lui, l'homme pratique, l'homme dont la fibre répondait si bien à la fibre populaire, il ne se laissait pas endormir par cet accueil enthousiaste, et après avoir dit un bon mot à celui-ci, donné une franche poignée de mains à celui-là, il se disait que tout n'était pas fini tant qu'il restait quelque chose à faire et cherchant du regard, non les amis, non ceux qui avaient ressenti les bienfaits, mais les adversaires, ceux qui n'étaient pas convaincus entièrement ou, qui par un de ces entêtements trop fréquents, se refusaient à se laisser convaincre, il les abordait carrément, argumentait avec eux et ne les abandonnait que lorsqu'il les avait ramenés à lui ou plutôt à ses idées.

Et nous devons dire que personne n'a jamais su résister à cette éloquence familière, à ce bon sens merveilleux, à cet esprit si lucide, si pratique qui savait toujours trouver partout la meilleure solution.

Qu'on s'étonne après cela de cette popularité croissante qui devenait si grande que ses adversaires mêmes étaient obligés de lui rendre hommage.

III.

Tant de titres à la reconnaissance publique indiquèrent naturellement M. Edmond LAROCHE-JOU-

BERT aux suffrages de ses concitoyens qui se plurent à le revêtir de toutes les dignités électives.

De bonne heure, il prit rang parmi les notabilités du département et c'est ainsi qu'il fut successivement juge et président du tribunal de commerce d'Angoulême.

Les services qu'il rendit au commerce de notre ville sont connus et M. Armand Nadaud, président actuel de ce tribunal, en les rappelant sur sa tombe, n'était que l'écho du sentiment général.

Il fut ensuite, soit en même temps, soit successivement, directeur de la caisse d'épargne, administrateur du bureau de bienfaisance, membre du conseil d'hygiène et de salubrité publique, vice-président de la société de Secours Mutuels, vice-président de la ligue d'enseignement, conseiller général, etc., etc.

Avons nous besoin de dire qu'aucune de ces fonctions ne fut pour M. EDMOND LAROCHE-JOUBERT une sinécure et qu'il tint à remplir consciencieusement les missions qui lui étaient ainsi confiées par ses concitoyens.

Il en résulta pour lui une dépense de forces qui contribua singulièrement à miner sa constitution bien puissante pourtant.

IV

Après tant de services rendus au Pays, la place de M. LAROCHE-JOUBERT, était naturellement indiquée au corps législatif. Ses amis eurent de la peine à le décider à descendre dans l'arène politique ; mais lorsqu'ils lui eurent fait comprendre combien les fonctions législatives pouvaient faciliter la grande mission qu'il s'était imposée, faire du bien à cette grande famille de travailleurs qu'il regardait comme la sienne propre, il fut bientôt décidé, et il aborda la lutte franchement et loyalement, comme il faisait pour tout.

La mort de M. Gellibert des Séguins, avait rendu vacant, en 1868, le siège de député pour l'arrondissement d'Angoulême. M. Edmond LAROCHE-JOU-BERT se présenta aux électeurs comme candidat indépendant et voulant un Empire libéral. Il fut élu avec une majorité de plusieurs milliers de voix contre M. Mathieu-Bodet, alors candidat officiel.

Réélu, sans concurrent aux élections générales de 1869, il prit une part active au mouvement qui amena au pouvoir un cabinet libéral. Il fut fait Chevalier de la Légion d'honneur en 1870 par le Ministre du Commerce et de l'Agriculture d'alors, M. Louvet, qui déclarait « qu'il ne quitterait pas le ministère sans avoir fait décorer, malgré ses protestations, l'homme qui avait fait faire tant de progrès à son industrie et qui avait rendu tant de services à la classe ouvrière ».

Sa conduite pendant ces jours de sombre mémoire fut admirable de dévouement désintéressé ; au moment de l'investissement de Paris, on s'aperçut tout à coup qu'on manquait non seulement de cartouches de chassepots, mais encore de l'outillage nécessaire pour les fabriquer ; cet outillage était enfermé dans Paris et dans Metz.

M. Laroche-Joubert, de concert avec son fils, en découvrit le secret et pendant toute la durée de la guerre, il mit gratuitement à la disposition du gouvernement son outillage, ses installations, son charbon, etc., sacrifices considérables pour lesquels il ne réclama jamais un centime, tandis que tant d'autres s'enrichissaient aux dépens du pays malheureux.

Il rentra dans la vie publique en 1876 et fut successivement réélu aux élections générales de 1877 et de 1881. Nous ne pouvons étudier ici cette partie de sa carrière. Nous nous contenterons de la résumer en reproduisant la circulaire qu'il adressa à ses électeurs lors des dernières élections ; suivant son habitude, il y exprimait nettement et franchement, sa ligne politique :

Mes chers concitoyens,

Le mandat que vous m'avez confié touche à son terme ; vous êtes appelés de nouveau, le 21 août, à procéder à l'élection de votre député.

En 1877, après vous avoir promis de me consacrer sans cesse à la défense des intérêts du plus grand nombre, je terminais ma circulaire électorale par les paroles suivantes :

« Je suis, avant tout, plein du respect le plus absolu pour la
» souveraineté nationale ; aussi dès qu'elle aura pu se manifester
» librement et légalement, c'est-à-dire dès que la majorité de la
» nation aura fait connaître directement le gouvernement qu'elle
» préfère, ce gouvernement, quel qu'il soit, fut-il celui qui m'est
» le moins sympathique, n'aura pas de serviteur et, au besoin, de
» défenseur plus énergique et plus dévoué que moi ; car, alors, ce
» sera le gouvernement de la France, puisque c'est la France qui
» l'aura voulu ; or, la France c'est ce que j'aime par dessus tout. »

Mes sentiments politiques sont toujours les mêmes ; je continue à subir la république sans y adhérer ; ce n'est, à mes yeux, qu'un gouvernement de fait, issu d'une émeute, que ne saurait légitimer la constitution votée par une Assemblée sans mandat.

Le Peuple, notre unique souverain, peut seul lui donner la sanction qui lui manque ; tant qu'il n'aura pas été appelé à ratifier les faits accomplis *par un vote spécial, libre, direct,* je considérerai que le gouvernement actuel agit sans mandat légal et je demeurerai fidèle à l'idée napoléonienne, pour laquelle le pays a affirmé toutes ses sympathies dans plusieurs plébiscites.

J'y demeurerai fidèle, parce que c'est à Napoléon Ier que revient la gloire, plus grande encore que celle de ses armes, d'avoir empêché les immortels principes de 1789, *auxquels je dois tout,* de périr dans l'anarchie révolutionnaire.

J'y demeurerai fidèle, parce que c'est à Napoléon Ier que nous devons ce Concordat, qui règle si sagement les rapports de l'Eglise avec l'Etat, et *qui assure si équitablement la liberté de conscience,* sans permettre au prêtre de sortir de son véritable domaine.

J'y demeurerai fidèle, parce que nous devons au génie du grand Napoléon cet admirable Code qui porte son nom, et qui garantit *au plus grand nombre la véritable égalité* qui lui est si chère, en même temps que *ses droits* désormais indiscutables *à la propriété.*

J'y demeurerai fidèle, parce que nous devons à Napoléon III *l'immense bienfait des traités de commerce de 1860* et vingt années de cette prospérité inouïe qui nous a permis de supporter, sans fléchir, les conséquences écrasantes de la guerre la plus désastreuse et des *folies qui l'ont suivie.*

Toutefois, mon ardent amour de l'ordre vous est un sûr garant que je ne m'associerai jamais à ceux qui rêvent le renversement violent du régime actuel : je ne saurais non plus, sous prétexte que cela précipitera les événements, me réjouir, avec les impatients, du mal que la république, telle que la pratiquent nos gouvernants du jour, fait à notre chère France.

Non, j'attends avec confiance que le Peuple désabusé, rétablisse pacifiquement le régime que je crois le plus apte à favoriser le développement normal de la *véritable démocratie* et à assurer la grandeur et la sécurité de mon pays. En appelant ce moment de tous mes vœux, je n'ai aucune pensée égoïste ; car, fils de mes œuvres, habitué à ne rien devoir qu'à mon travail, je n'attends, ni pour moi ni pour les miens, aucune faveur, pas plus de ce régime que de tout autre.

Mais je ne puis envisager sans effroi le gouffre profond creusé sous nos pas par les agissements de nos financiers républicains, par la soif de conquête de nos gouvernants de hasard, dont l'imprévoyance et *les folies guerrières menacent de nous coûter des monceaux d'or et de faire couler à flots le sang de nos enfants.*

Si vous partagez toujours mes opinions, renouvelez-moi le mandat dont vous m'avez déjà honoré quatre fois ; soyez persuadés que vous me trouverez toujours au premier rang parmi les défenseurs les plus énergiques de **l'ordre, de la paix et de la liberté,** ces trésors indispensables à la sécurité des travailleurs comme nous, trésors si gravement compromis par *les faux démocrates qui nous gouvernent.*

Quoi qu'il advienne, vous pouvez toujours, mes chers concitoyens me considérer comme votre serviteur le plus dévoué:

LAROCHE-JOUBERT,
Député sortant,
Conseiller général,
Manufacturier, Propriétaire rural,
Maire d'Edon,
Chevalier de la Légion d'honneur.

Angoulême, 5 août, 1881.

Il fut fidèle aux engagements pris envers ses électeurs comme il avait été fidèle à ses engagements commerciaux, et sa dernière circulaire électorale fut pour ainsi dire son testament politique.

Pendant les trois années qu'il vécut encore, il s'adonna tout entier à l'amélioration des classes travailleuses, déposant en leur faveur une foule de propositions de lois que n'écoutait malheureusement pas assez attentivement une majorité trop préoccupée des questions politiques pour s'attacher aux intérêts autrement sérieux de ceux qui souffrent.

Un de ses adversaires qui lui a consacré du reste une notice des plus élogieuses, M. Paul Bert, le confessait avec franchise, il y a quelques jours, et il reconnaissait loyalement que le grand souci, la préoccupation constante de M. Edmond LAROCHE-JOUBERT était l'amélioration du sort du « plus grand nombre »...

Immense est le service rendu à la société à l'humanité par M. Laroche-Joubert, dit M. Paul Bert.

Un tel aveu dans la bouche d'un adversaire ne constitue-t-il pas le plus beau des hommages.

V

Une carrière si féconde s'est terminée d'une manière aussi soudaine que malheureuse ; M. Edmond LAROCHE-JOUBERT, après avoir dépensé sa vie sans compter dans tant d'œuvres accomplies sous l'inspiration d'un ardent amour de l'humanité, est tombé frappé au cœur.

Il avait pour sa famille cette profonde affection qui caractérise tous les hommes vraiment bons ; la perte d'un petit-fils tendrement aimé fit plus, pour détruire cette puissante nature, que n'avaient pu faire soixante années de luttes et de travaux.

La disparition d'une tête si chère, la mort de ce petit Jean que tout Angoulême admirait et chérissait, fut pour M. Edmond LAROCHE-JOUBERT un coup de foudre.

« La mort de mon petit-fils m'a tué » disait-il, quelques jours après ce fatal évènement, à l'un de ses collègues de l'Assemblée.

C'était vrai.

Il lutta quelques temps encore puis il dût s'aliter. Se sentant perdu, il voulut mourir parmi les siens et se fit transporter au milieu de sa famille, au milieu de ses ouvriers..

C'est qu'il voulait leur donner tout à la fois un dernier témoignage d'affection et un suprême exemple.

Jouissant encore de la plénitude de ses facultés, il accomplit ses devoirs de chrétien avec cette foi et cette simplicité qu'il avait toujours montrées dans toutes les actions de sa vie, donnant ainsi jusqu'au dernier moment l'exemple des vertus privées comme il avait donné celui des vertus publiques.

M. Edmond LAROCHE-JOUBERT est mort à Lescalier le mercredi, 23 juillet, à 2 heures de l'après-midi.

Nous ne redirons pas la douleur que causa dans notre département tout entier cette mort si imprévue. Les larmes de la foule immense qui accompagna son cercueil à sa dernière demeure, les témoignages innombrables de regrets de tous ceux qui perdaient en lui un ami, sont pour sa famille un touchant souvenir.

Puisse cette vie servir d'exemple aux générations charentaises ; c'est en suivant un tel modèle qu'elles arriveront à régénérer notre pays, et pour cela elles n'auront qu'à méditer et à appliquer la devise favorite de cet homme de bien, de ce cœur incomparable :

" L'amélioration morale et matérielle du sort du plus grand nombre a toujours été le but de mes persévérants efforts."

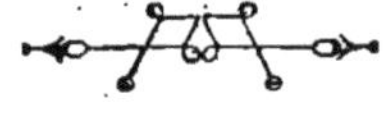

BIBLIOTHEQUE NATIONALE DE FRANCE
3 7502 00640581 5

www.ingramcontent.com/pod-product-compliance
Ingram Content Group UK Ltd.
Pitfield, Milton Keynes, MK11 3LW, UK
UKHW021711090726
13657UKWH00005B/2174